우리가 사과처럼 웃을 때

우리가 사과처럼 웃을 때

시인수첩 시인선 061

이수진 시집

여우난골

| **시인의 말** |

여름
종점에서

빈 접시를 씻고 있는 비

아침이 되어도 지난밤이 사라지지 않던
아침이 와도 그 아침에 속지 못하던

당신의 시간이
물이 되어 있다

나는
뒤늦게

알아본다
사랑,

당신, 여기
그리고 거기

| 차례 |

시인의 말 · 5

1부 | 유대

여름 강 · 15

개정 · 16

어나더 타임 · 19

여름 사유 · 21

죽음을 사는 일 · 24

바닥에 걸린 액자 · 27

조용한 생활 · 28

시간 밖에서 · 30

첫눈이 내리면 꽃집 · 31

레몬의 강 · 34

월식 · 36

이면들 · 37

집으로 가는 길 · 39

흐르는 의자 · 42

설해 · 44

2부 | 유형

연신내 · 47

유리나무 · 49

부수현상 · 52

우리가 사과처럼 웃을 때 · 56

애틋하게 눈부시게 · 58

순수의 시대 · 61

더 자랄 수 있는 시간에 대한 환상 · 62

근사한 일 · 64

수성못 달빛 · 67

이별을 사는 길 · 70

사랑과 역설 — 닭백숙 집 주차장 · 72

패밀리 · 74

기호화독본 · 75

정애 · 76

꽃구경 · 79

지금이라는 옆모습 · 80

클리셰 · 83

3부 | 유형지

그 여름을 훔치다 · 87

보편—사 · 89

안개와 기척 사이로 · 92

끈 · 94

처서 · 96

어느 날 30초 · 98

낯선 시간 속으로 · 99

백화 1 · 102

백화 2 · 103

백화 3 · 105

백화 4 · 108

서해 · 112

구름사막을 걷는 일 · 113

음역 · 118

그 다음이 궁금해 · 120

구름은 귓불이 두껍고 · 122

4부 | 연기

이후 · 127

범사 — 아산 · 129

새들의 분화 · 133

내 걸음의 방식 · 136

제비꽃다발 · 138

유리창에 유리가 있고 · 141

새로운 이해 · 144

걷는 사람
— 어둠을 깨우는 불빛, 거기가 누군가의 자리라면, 불빛이 아직
  도착하지 않은 집은, 먼저 걸어온 울음이 주인이다 · 146

그 여름이 보낸 시 · 148

모르지 마세요 · 150

여름의 질문 · 153

덧없어서 아름다워서 · 154

멈춘 가지 끝에서 · 156

바람을 기다려 · 158

해설 | 정과리(문학평론가)
이별의 정한을 사랑의 근미래로 옮기는 일·159

1부

유대

여름 강

여름이 젖은 것을 생으로 밟으며 간다 해도
비를 앞세워 우리의 새벽 건너간다 해도
일곱 번 넘어지는 꽃이 우리가 간절히 부른 입술임을
알아야 할 거야

당신이 여름의 소매 끝을 잡아당긴다 해도
여름이 당신의 하염없음으로 스러진다 해도
이름 없는 나무의 흔들림도 그 여름을 앓는 무늬임을
알아야 할 거야

아마 그들도 가면서 울었을 거야

개정

1
아름다움,
이 말의 뜻을 잘 모르겠다

나도 그렇다며
당신은 돌아앉은
막다른 골목집을 렌즈에 담았다

그을린 바닥을 지나
뜯겨진 어둠이 햇살을 밀어낼 때

어느 숨은
부서진 세간에 머물고
어느 숨은
타고 남은 재에 머물렀다

좀 더 오래 사랑하고픈 슬픔이 바짝 엎드리는 오후였다

2
우리는 창문에 기대어, 머문 계절의 절기를 세고 약속을 잡던, 당신과 나의 시간 밖에서

떨고 있는
한 줄기 빛을 바라보았다

세상 끝에서 건너온
가여운 영혼처럼

소국이
저 혼자

어둠을 꽃으로 가리지는 않고
어둠 속에 파고앉아 빛을 모으고 있었다

3
어쩌면 아름다움은 슬픔이 슬픔으로 슬픔이 되어가는

일인지 모른다

  어느 여름별의 죽음이
  우리의 우울을 삼키고 비열을 삼키고는
  우리에게 빛으로 추락하는 아침인지 모른다

  마치 추운 돌 위에
  빛의 기지개처럼

  차가운 소멸로 단단해지는
  영혼의 하얀 피

  거기서 슬픔은 춤을 춘다
  거기서 슬픔은 사랑을 한다

어나더 타임

나중에 꼭 온다고 하였다

나중이라는 말을 도서관에 남기고 오는 날에도
막다른 골목에서 기다림이라는 말을 잃어버렸을 때에도
나는 나중은 언제든 올 수 있는 아침이라 생각했다

나중에 정말 올 거라고 하였다

일곱 날 일흔 번의 기침이 나던 날에도
병든 잠이 한밤을 꼴딱 세우던 날에도
나는 정말은 정말 믿을 만한 말이라고 생각했다

바람은 구부러진다, 계절은 비워진다

꼭 온다는 말은 꼭이라는 말을 남긴다
정말 온다는 말은 정말이라는 말을 남긴다

어느 날 기다림을 잊다가도
모퉁이가 둥글게 닳은 창 앞에서

꽃이 피는 것을 보면은
당신이 오는 일이 시작되었다

그리움이 여기 와 살자고 할 때

머리를 감겨주고 싶다는 목록을 물 위에 쓰기도 하였다

여름 사유

이 거울은 얼마나 많은 입술을 가졌는가

그날의 햇빛과 그날의 습도로
따스하고도 차갑게

여름을 부르는 꽃, 숨 꽃

이 거울은 얼마나 투명한 눈빛인가

밤새 걸어온 듯 새벽
세 발짝의 발소리에 가득 고여 드는데

나는 모른다
일곱 소멸이 켜는 자정의 마디
어둠의 다리를 건너는 정오의 난간

왜 사랑은
죽음 후에야 만나게 되는지

떠나고 보내는 일
내 안엔 너무 많은 여름이 산다

이 거울은 얼마나 검은 오후의 노래인가

물결 속에 갇힌
구름의 영혼 같은

한 덩이 숨 꽃

한 사람 그리고 나의 슬픔이라는
그대
그녀 당신

이 거울은 잃어버린 숨으로 흔들리는 세상

신을 벗고, 좀 늦었다고

장미넝쿨처럼 엎드리면
흐드러진 꽃잎이
여기의 안녕이 되는

죽음을 사는 일

> 줄곧 길을 잃거나 워낙 멀고 낯선 고장에 와 있어
> 그의 앞에 아무도 없다는 느낌이 드는 시간들
> — 카프카 『성』에서

장미의 꽃잎을 혀라 부르기로 한다

꽃을 들고 너를 찾으러 간 길 끝에서
바람이 불자
장미꽃 한 잎의 혀 쑥 빠진다

다시 바람이 불자
장미꽃 수만 잎의 혀 쑥쑥 빠진다

장미는 어떻게 자기를 지워 자기를 사는가

혀, 안에 있는 것 같아도 언제나 바깥을 넘어서 있는 것 같다

여름 그 해

제 혀, 깨물고 싶었을 때

삶은 알고 장미는 모르는 어떤 소용돌이
장미는 모르고 삶도 모르는 어떤 소용돌이

장미는 어떻게 자기를 걸어 자기에게 이르는가

혀, 바깥에 있는 것 같아도 언제나 안을 타 넘지 못하는 것 같다

허공이 도려지면
장미, 천공

장미는 어떻게 자기를 타 넘고도 아무 말 없는 말이 되는가

해야 할 말보다 언제나 한 발 뒤에 서 있다, 혀

경계선 바깥에서

장미는 어떻게 그리 많은 죽음을,
불꽃으로 솟아나게 하는가

바닥에 걸린 액자

그 미소, 소국 안에서 하얗다

주름진 미소가, 눈썹 사이 흰 바다가, 흐름과 흐름 속으로, 거기 그렇게 하얗게 웃고 있을 때, 소국이 어둠을 털어내듯, 그 미소를 끌어안고, 노랗고 촘촘하게 스크럼을 짜고 있다

어느 손은, 미소 안에 숨겨놓은 결의처럼, 스크럼을 뚫고, 꽃잎을 바닥에 떨어뜨리고, 망가뜨리고, 짓이기면서, 아흔아홉의 울음을 토해내고 있다

더 이상 향기가 되지 못하는 꿈을
줍고 다시 주워 그 미소 아래 일일이 넣어주는 소국

그날, 비가 그리 오더니, 바닥에 하얀 액자가 무성히 피어났다

조용한 생활

하늘이, 잡생각에 시달리는 나의 버릇 그걸 고쳐주려고 사나흘 하고도 더 많은 사나흘 동안 눈을 쏟아 부어 길을 지우고 집을 지우고 잠을 지우고 하늘마저 지우고 있다

또 하늘이, 내가 당겨하는 걱정 그거 다 쓸데없음을 가르쳐 주려고 여름에도 한여름에도 먼 산꼭대기로 흰 눈을 부르고는 한없이 뜨거운 노래를 부르고 있다

어느 날, 팅커벨에서 사 온 꽃들이 탁자 위에서 시들어가고 있는데 어느 한 송이 꽃이 목 떨어진 모습 그대로 사나흘 뒹굴고 있는데 하늘이, 그 꽃이 살은 건지 죽은 건지 알려주지는 않아

나는 모르겠어서, 모든 게 정말 모르겠어서

어느 눈송이의 영혼으로 무거워진 하늘을 생각하고는 이제 내가 하늘의 무게를 좀 나눠지고 가야 할 것 같다

한 커브 돌면 커브 안에 묻어나는 구름을
꽃병에 받아놓고는

나는 정애(情愛)라 부르기로 한다

길 끝으로 나뭇잎이 떨어지면
이제 새살이 돋을 거라고 혼자에게 말을 붙이면서

시간 밖에서

바람 낮은 날 혼자인 것에 기대어
수령 깊은 나무에게로 갔다

아직은 슬픔이 이기는 시간

수척한 냉이들 제 연약함에 휘둘리고 있다
나무의 물밑 겨드랑이가 굳어있다
긴 겨울 말라붙은 까치 울음이 감나무 가지에 눌어붙어 있다
나비 날개가 고대의 그늘에 묻혀 있다
풀치 열피리 노래기…… 아직도 살얼음에 갇혀 있다

시간이 시간을 건너뛰어도
계절은 바뀌지 않는다

시간을 그곳에 걸어두고 나와도
나는 여전히 나의 바깥에 서 있다

첫눈이 내리면 꽃집

첫눈이 내리면
나는 내 몸 어딘가에 앉고 싶어진다

기억에 없는 어느 시간이
막 들이밀고 와서
설렘을 한가득 피어낼 때면

나도 모르게 오후의 불안 뒤로 두 걸음 물러나곤 하였는데
 그날은

거기 꽃집이지요
어떤 목소리가 내게 들이닥쳤다

나는 얼결에 존재와 부재의 내통으로
이때껏 슬픔이 잘 지내고 있다는

난데없는 안부들이

수국으로 제라늄으로 피어나는 시간을 듣고 있었다

가만히 그리움이 자라는 동안

어느 천사의 동행처럼
나는 거기에 잠시 속해 있었다

잘 보이지 않아 다행이었다

대답 없는 우두커니에
꽃이 관여하지 않는 흔들림이 스미듯

부름과 무답 사이로

잠시 머무르다 물들기도 하고
문득 돌아보다 닮아가기도 했을

한때 우리였을 순간들

지금은 잊은 것도 잊은 꽃집이라는 꿈

가만히 수화기를 내려놓을 때까지

첫눈이 꾸는 꿈에
내가 앉은 건지 눈이 앉은 건지 그것은
알 수 없었다

레몬의 강

*

엊그제 네팔에서 온 엽서에는

집 짓는 일을 하는 친구가
사다리 위에서
손을 번쩍 들고 서 있었다

네팔은 왠지
내 팔을 끌어당기는 느낌이 있다

끌려가 그와 나란히 서고 싶다

새벽녘 콩고 이파리에
맺힌 물방울은

어둠을 뚫고 나온 꿈결이라고 한다

몸을 부서뜨려야 살아나는 레몬의 강이 되어

모래언덕을 넘고 싶다

*

네팔을 생각하면 왠지 시린 팔의 느낌이 온다

산도르 마라이는 '어느 약사는 처방약을 지을 때
슬픔, 절망을 집에 가져가지 못하게 삶의 독약을 쓴다'
고 전한다

내 팔이
더 멀리를 가기 위해
내 몸을 헐고 있다

*

달빛은 네팔의 허리춤에 시리게 차오른다
나는 레몬이 배액관의 강으로 흘러넘치는 것을 보고
있다

월식

 한 번도 가보지 않은 날들이 소망임을 몰랐을 때, 만개한 꽃들이 기다림이 될 건지 그리움이 될 건지 몰랐을 때, 부르면 주저앉는다는 말이, 건드리면 쏟아질 것 같다는 말이, 먼 곳으로부터 온 빛의 무늬임을 몰랐을 때,

 어쩌면 당신을 보내는 일이 계속될 것만 같았다

 하늘 끝자락에 꽃이 필 때, 무릇 낮은 풀들이 그렇게 울었다, 세계가 당신의 목소리를 가지게 되었다*

---

* 세계는 당신의 목소리를 가지고 있어요: 에드몽 자베스 「헌시」.

이면들

샴푸 거품 한창 이는데
전화벨 소리 그치지 않는다

드라마 속이다

이별인가?

말복의 伏은 엎드릴 복을 쓴다

큰 더위 밑에는
그늘이 이미 와 엎드려 있다는 건데

언젠가의 내가 언젠가의 당신이
닿을 수 없음으로 거기에 닿으려는 안간힘이 저랬겠다

마른 줄기 그 끝에 여린 이파리들
마음에 이르지 못하는 마음들
저 혼자 그러다가

맞이할
한 시절의 사태들

고되고 슬픈 찬란들

당신을 찾으러 간 세상 끝 모퉁이에서
다른 삶에 물리는 것같이

집으로 가는 길

지난가을
나무 밑동에 죽은 매미 수북하더니
지금은 마른풀 무성해

창궐하던 소리들
연통에서 연기 빠져나가듯
죄다 사라져 버렸어

침묵의 숲 두드리면
바삭 쓰러지는 고요

가까이 다가가면
소리는 비어져 있는데

더
가까이 다가가면
소리들 오글오글 모여 있어

몰라, 그간 소리가
기억을 풀어놓고 있었는지 시간을 긁어모으고 있었는지

혼자는 외롭고
같이는 불편해 비좁고 노란 쓸쓸처럼

가을이 되면
소리는 모두 죽는다고 해
어쩌면 소리들은

침묵 속에서 태어나 침묵 속으로 사라지는지 몰라

내가 한 발 내디디면
소리도 한 걸음씩 옮기고 있어

제 죽음을 부수고 살아나는 기척들
무엇을 견뎌 무엇을 지키고 있어

소리의 집이 되어
소리의 무덤이 되어

흐르는 의자

어떻게 해야 슬픔을 흘러 보내는 건지
잘 모르겠어요

어제는 한 사람
저 나무 의자에서 울고 있더니
오늘은 또 한 사람이 거기에 엎드려 있어요

결여를 채우고
속을 비워내는 일
그것은 의자가 지닌 공정일지 몰라요

비둘기는 의자에 흘린
울음의 사연을 삼켜요

끝내 소화되지 않는
일들은
누가 챙기는 걸까요

바람이 사라지고 있어요

다행이에요 저 곳에 나무 의자가 없었다면
슬픔은 어쩔 뻔 했을까요

깊고 검고 푸른 마음이
나무의 고요에 닿을 때까지

아무것도 묻지 않기로 해요

제 흐름에 실려 슬픔이 슬픔을 안아줄지 몰라요

내일은 한 사람
부목 덧댄 나무 의자에 앉아
흐르고 있어요

설해

우리가 원망이 되더라도

우리가 잘 안 풀리는 문제로 남더라도

우리가 태양의 죽음을 살더라도

 세상에 미로는 없는 거래요 격(格)으로 들어와서 격(格)으로 나가는 거래요 잘못 들어선 길도 가다가 포기한 길도 모두 출격(出格)인 거래요

2부

유형

연신내

온다는 것은 무엇일까

플라타너스 잎맥을 닮은
푸른 생활로

누군가의 영혼이 삶이 되러 오는 일은 어떤 마음인 걸까

온다는 것은 무엇일까

국화의 소란 속에
번지는 분주함으로

누군가의 시간이 가슴이 되러 오는 일은 어떤 마음인 걸까

아련으로 끌림으로 견딤으로 미움으로

물들고
삭이다

시나브로 눈물이 익어가는 동안

어느 날의
정으로

어느 날의
덧정으로

누군가의 전생에 사슬처럼 묶여도 좋을 생살
식고 상하고 닳고 파이면서 텅 비어가는 마음

어디서 빌려 와 어디로 돌려주는 약속인 걸까

유리나무

취하면 사랑해 하며
방문을 여는 버릇으로

이제 해방이야 하며
싸리꽃 한 아름 안긴 사람이 있었다

꽃 속에서 천리의 비린내와
달의 고독이 밀려와 안겼다

매달린 꽃보다
떨어지는 꽃잎이 더 눈부신 건

나무의 한 생이
거기 꽃잎마다에 뿌리내리고 있기 때문이 아닐까

그 뿌리 함부로 잡아 뽑아서는 안 되리

방으로 들어오다

꽃잎에 미끄러진 사람은

꽃들아 너희는 내가 그리 좋으냐며
쓸쓸히 손끝의 경계 풀어놓았다

태내의 순례
순례의 태내

나무로 돌아가기 위해
나뭇잎은 제 호흡을 하나하나 비운다

위에서 아래로
제 의지를 풀어낸다

제 안의 고통으로
눈이 환해지고 귀가 환해지도록

그럴 때

젖은 시간은 어디로 가서 눕는 걸까

나무가 아름다운 것은

아직 피우지 못한 꽃이
남아 있기 때문이 아닐까

그 사람이 홀로 꽃을 지울 때

뒤늦게 철든
어린 나무가

바람 따라 두 팔 벌리고 있다

그것이 우리의 휘청임의 시작이었다

부수현상

*

공부 노트 세 번째 칸에서 '통증이 시작되면
그걸 가만 바라보았다'는 문장 앞에 멈춰 서서

가만히, 가만히, 라고
읊조리는 입을
나는 내버려두었다

    가만히는
    곁이 되는 일
    혀끝에 앉는 일

    가만히는 그래서
    쌓아지지 않는 지층

*
그러나
가만히는

김이 모락모락 꾸는 꿈

엘리베이터 타고 내려가
13층 계단 걸어오길
다섯 번째 하는, 가쁜 숨소리

폐렴이 오고
복숭아가 익어가는 거짓말

*

가만히는
가만히

잴 수 없는 무게

이상해도 손을 댈 수 없고
이해해도 손을 댈 수 없어

달빛을 부여잡고
어둠 딛고 올라서도

만질 수 없는 영혼이 그래서
들을 수 없는 숨결이 그래서

가만히는
무화의 분화

그렇게
눈물만
훔치는 것이 전부인

달의 빈터

그러므로 가만히는
사라지고 남은 자리

잊을 용기 없는 이의 곰곰

우리가 사과처럼 웃을 때

장지에서 우리는
가위 바위 보를 하면서
꽃잎을 하나씩 따내고 있었다

우리가 떨어뜨린
눈알사탕에
개미들 몰려드는 줄도 몰랐다

게임이 끝물로 향해가고 있을 즈음
먼 친척 형이

이놈의 개미새끼, 하면서
오른발로 개미족을 짓이겼다

우리가 사과처럼 웃을 때

지구 끝의 비명이 가볍게 덮였다

우리는 그때
죽음을 열망하며
마지막 꽃잎 잃을 이마에

딱밤 새길 생각으로
웃음을 긴장시키고 있었다

애틋하게 눈부시게

꽃구경 나설 무렵이면
맑은 콧물과 재채기를 피할 길 없다

어른이 다녔고 또 어른이 다닌 의원을
나는 버스와 전철을 갈아타며 찾아간다

닮아서 그래, 닮아서 그래,
처방은 두 마디였다

꽃은
자기 생명의 벼랑에서 피어난다
빛깔도 모양도 흔들림도
그 끝에서 산다

다정인 듯
다감인 듯
예정된 고통과 체념

약기운 떨어진 어둠이
다시 흐르는 맑은 콧물을 닦는다

집골목에서 손을 내어주고
그대로 눌러앉았다는

어른의 콧물과 어른들의 콧물이 잘 닦이지 않는다

서향 빛 하얗게 개가 울면
이웃한 개들 모두 따라 우는 애잔한 사슬

창이 밝아오면
간밤의 처연을 일으켜
봄의 햇살 밖으로
두 발을
나란히 세워 놓는다

발끝을 핥는 빛이

얼굴의 핏기를 잊을 때까지

정당하게 때로는 까닭 없이
나는 봄빛에 끌려 다닌다

누추와 애틋은
그런대로 살 만한 것인지

담장 지키는 봄의 꽃들
뿌리로 피어나고 매듭으로 단단하다

순수의 시대

친구는
봄이면 잘 보이지 않았다

맨날 산으로 가서 약쑥을 뜯었다

집엔 아픈 아버지

날마다 핏물을
댓 사발씩 토해내는 아버지

그때는 몰랐다

아홉 번째 자정
아홉 번째 횡단

친구는 친구를 모르고
나는 삶을 몰랐다

더 자랄 수 있는 시간에 대한 환상

그대 어깨 위에 한 사람이 손을 얹고 있네

얹은 손이 죽어 있네
원피스에 붙잡힌 바람이 죽어 있네
햇살의 길이도 죽어 있네
죽음을 움켜쥔 침묵도 죽어 있네
장미의 소용돌이가 죽어 있듯
흔들림이 휘어진 채 죽어 있네

죽음과 대결하는 죽음으로 죽음이 살아 있네

그대의 눈빛과 흰 손
장미의 휘어짐과 침묵

어떤 죽음은 죽음으로 스토리가 되어 가네
어떤 죽음은 죽음으로 히스테리가 되어 가네

스토리와 히스테리가 히스토리화 되어가는 동안

죽음이 그대를 꽃받침처럼 받치고 있네

근사한 일

우리가 극장에서의
약속이 많았던 때

서로에게 시가
되어주는 날도 있었지만

철새들이 날아간 설산을
그리는 날이 더 많았다

아이스크림 광고를 보며
눈물을 흘리는 이유는 몰라도

눈 덮인 마을 이야기 속에서
우리는 자주 웃기도 하였다

한 번은 우리가 직접 이별에 관한
시나리오를 쓰고는

그것을 그대로 완성해버렸다

깨어 보니 텅 빈 어둠
지붕 없는 하늘

그 아래서 우리는 모두 젖어야만 한다는 걸 알았다

우리가 무얼 더 하려 해도 무얼 더 할 수 없었다

우리의 러닝타임

유리병 속 던져진 필름마냥
철새들은 돌아오는 길을 잃고

우리의 영혼은
조금 일찍 가볍지 않은 걸음을 걷게 되었다

희망이 낮을 땐

희망을 바닥에 널어놓아야

가장 근사하다는 걸
알아보는 우리의 눈뜸이 있었다

수성못 달빛

이 많은 어둠 중의 어둠을
꽃바닥인 듯 걸어보고 싶었네

달빛이 고이고 하늘이 고이고
마른 웃음이 고인

이 저녁의 못
저리 많은 것들을 당겨 제 안으로 담으려는 물가에서

달빛으로 물빛을 걸어보고
물빛으로 이마를 적시고 싶었네

스미며 스며들며
돌아오지 못한 일곱 번째 발걸음으로 나는

아침과 정오 그리고 저녁이라는
하루를 가진 사람이 되어

달빛의 젖은 발 씻어주고 싶었네

나는 물의 빛이

물의 꿈이라는
생각에 젖고는

물과 꿈의 거리
그 어디쯤에서

잃어버린 길을 그만 잊어주기로 하였네

그 맘 다 알아 달빛이 거기로 오는 줄 알고
나는 유형의 생에 사용되기로 마음먹었으니

얼마를 더 흐르며는 물빛에 이르는 건지는
얼마나 더 걸으며는 달빛에 이르는 건지는

알 수 없어도

못의 빛이 서너 개의 별을 새파랗게 매달고 있는 처소를
나는 달빛의 사원이라 이름하며
그 어둠의 걸음으로 걷기로 하였네

이별을 사는 길

매화꽃이
꿈을 붉히는 날

이월 찬바람은 속아보는 마음을 갖는다

물 위 성성 떠다니던
개구리밥이

매화꽃 방향으로
몸을 뉘인 것도

그래, 찬 꿈을 풀어
속아도 좋을 하루를 내어주고 있는 건데

모든 기다림은 자신을 묶기 위한 자유

이른 시간부터 어른은
우수 지난 과수에 나가

가지치기를 하고 있다
도둑처럼 당도할 소식 맞이하듯

버스가 멈춰 설 때마다
과목보다 높이

이마를 두리번거리고 있다

사랑과 역설
－닭백숙 집 주차장

> 아이를 공포에 질리지 않게 하면서, 아이의 순진성을 파괴하지 않으면서, 감옥보다 더 음침한 곳들이, 총알보다 더 가혹하고 예리한 것들이, 목을 감는 밧줄보다 훨씬 더 나쁜 뭔가가 있다는 것을 어떻게 이해시킬 수 있을 것인가?
> －아리엘 도르프만 「우리 집에 불났어」에서

어미 닭은 보이지 않고
머리만 하얀 병아리 한 마리
지렁이 잡아 쪼아 먹고 있었습니다
빨간 리본을 다리에 묶은 또 다른 병아리
좀 빼앗아 먹으려다
발을 잘못 디뎌
삐그덕 넘어지기도 했습니다

그때, 어디서 나타났는지
검은 개 한 마리
서성이다 웅크리다 멈칫한다 싶더니

용수철처럼 허공으로 튀어 올랐습니다

개의 흰 이빨에
목을 꽉 물린
병아리

울타리 뒤 산기슭으로
검은 개와 사라졌습니다

한낮

빨간 리본이
나뭇가지에
꽃처럼 매달려 있었습니다

패밀리

봄이 묘꾼처럼 왔다,
천만년 동안의 상처를 잊고 비밀통로를 타고 왔다, 지상이 피 흐르는 상처를 노래한다, 봄은 나무 속에서 정령 속에서 즈음 속에서 세상의 말들을 연두 팔다리에 매달고 희망의 무덤을 세우고 있다, 잎도 썩고 그늘도 썩고 바람도 썩은 부패의 날들에게 옆구리를 내어주며, 근심과 고통의 마디를 이어, 세계를 둥글게 완성해 나가려는 듯, 봄이 귀를 묻고 눈을 감고 왔다,

어떤 봄은 나의 예지몽으로 오는 들꽃의 장례이며, 마지막으로 웃을 때 튀어나올 침방울이다,

기호화독본

명절에도 코빼기 보기 어렵더니
벚꽃 지는 날 꽃비로 잠시 들른다는 막내
좋아하는 꽃전 부쳐놓고 모두들 기다리는데
오밤중 복숭아 빛 얼굴로 나타나
그대로 잠에 든다

한동안 끊었던 담배 다시 찾은 어른은
달빛 아래서 가라지 골라내듯
무방비인 육신의 양말 벗겨주는데
부르튼 발가락 새에 낀 검은 때
양말 접어 일일이 닦아내는데

핏줄이 아니라면 겪지 않았을 것을[*]
핏줄이 아니라면 겪지 않았을 것을

그것이 괴롭다면 그것이 우리의 시간이기 때문일 게다

---

[*] 이성복: '오, 육체가 없었으면 없었을 구멍' 어조 참고.

정애

바람이 고개 떨군 날
열린 창으로 새가 들어왔다

지난밤 길몽 같아
나는 새에게 길을 내 주었다

베란다에는 그늘 한 조각
그리고 햇빛 다섯 조각

조금씩 마음을 내며
그렇게 생을 붙이고 사는 거라고

언젠가 건네받은 당신의 말은
벼락처럼 살아있으나

나는 그 안으로 뛰어내리지는 못했다

어느 밀서의 해몽처럼

벽으로 바닥으로
기어 날으며
새는

높은 산 만년설의 이름으로
리마해변 모래밭의 이름으로

달빛을 구부리고
창 너머 수북 가지를 들어 올리고 있었다

나는 두 손바닥으로
한 숨을 받아 안으려 했지만
그것은
읽을 수도 읽히지도 않았다

*

여름을 내려놓고
열린 창으로 멀어진 새

베란다에는 어둠 조각과
빛이 한 조각

나는 가끔 하늘을 본다
그곳에 집이 있다

꽃구경

 경주로 벚꽃 구경 다니다가 차 안에서 싸웠다, 고 적혀 있다. 형수는 휴게소에서 내려 따로 올라왔다, 고도 적혀 있다. 그때 무슨 일로 말다툼이 시작됐는지 형은 형수를 왜 잡지 않았는지

 지금은 알 수 없다.
 날짜가 비워진 어느 해 4월이었다

 그 형수가 지난해 돌아가셨다. 형수와 경주서 찍은 사진이 남아 있지만, 벚꽃 속으로 어서 들어오라는 여린 손짓이 거기 있지만, 입꼬리 살짝 잡아당기면 제 무게 이기지 못해 무너질 듯 부서질 듯 아슬한 기울기로 남아있다.

 언젠가 스승이 말했다.

 '나들이 갔다 오는 가족들 보면 마음이 아파, 저래 한 가족으로 살다 저리 크고 저리 죽고…….'

지금이라는 옆모습

이 줄은 도서 반납을 위한 차례
질서

좀 전에 헤어진 학생은 나무토막처럼 앞에서
가끔 만나는 동료 선생은 비 맞은 가지처럼 뒤에서

다만 여기는
무덤지기의 말처럼
끊어졌다 이어지다 사라지는

어느 날의 어느 순간

도무지 흔적이 없을
지금 여기

여덟 살 때 밑줄 그은 문장이 있었지
열여덟 살에 다시 긋고
서른여덟 살에 다시 또 긋고

토요독서회에 나가 다시 그은 밑줄이 있었지

그 문장을 벗어나려 했지만
나는 언제나 그 밑줄 아래서 졸고 있었지

지루하고 긴 묘비명의
말 없는 소란

퀴퀴한 중세의 암흑기 통과하는 대낮의 터널 속에서
카타콤베의 허공에 밀려

옆모습에서 옆모습으로
앞도 뒤도 없이 나는 흘러갔지

차례는 늦어도 지금으로 오고
우리는 어느 이야기를 하는 중이었는데 다 마치지도 못하고

느닷없이 사라지는 사람이 되어 버렸지

다 사라져야 비로소 완성되는
침묵의 밑줄처럼

클리셰

까치가 운다
느티나무 잔가지에 앉아

나무는 울음에 맞춰 몸 흔든다

울음이 가지를 누르면 하늘이 올라간다

울음을 먹고 자라는 이파리

까치의 울음은
나무가 살아가는 힘이다

3부

유형지

그 여름을 훔치다

나는 창에 기대는 시간을 문질렀다

오후의 이파리 부서지는 소리

빛과 바람이 투명한 신을 신고 허공을 뛰어다녔다

빛의 산란이 뚫려, 나는 자주 골절이 되었다

시간이 열리고 닫히는 사이 이파리 하나 나선으로 떨어졌다

누구도 거두어들이지 않아 그늘이 대지를 꾹꾹 눌러주었다

어둠이 턱을 괴고 저 아래로 끌려가는 에덴을 보고 있었다

고양이 털 사이 무언가 반짝 어리었는데 별이 울었다

나는 창이 흘리는 눈물이 아무렴 별이 훔치는 울음이
지 싶었다

보편-사

　동물 다큐를 처음 볼 때는 그랬다
　누떼가 강을 건너고, 어리고 약한 누는 제 꽃봉오리 지키지 못했다

　조금 자라 들었다
　그 어린 숨이 족속을 살리는 번제였다

　조금 더 자라 본 다큐는
　누떼가 바닥을 치고 강을 짓밟으며 제 무게를 건너고 있었다

　어느 몸도 노란 꽃봉오리 쉬이 내어주려 하지 않았다
　그럼에도 어느 꽃봉오리는 기어이 내어주는 재가 되었다

　미끄러지는 전략과
　흘러내리는 애절로

가고
남고
살고
살고

비틀거리는 하늘을 핥으며
누떼는

꽃상여 같은
검은 혓바닥 안에서의 삶을
차가운 서약처럼 지키며 걸어갔다

세계는 종적으로 설움이고
횡적으로 서글픈 생이다

티비를 끄고
창밖 내다보면

큰 나무도 큰 산도 멀리로 밤하늘이다

먼 것은 다 비슷비슷해 보인다

푸른 거처지로
돌아온
남은 가족들이
늦은 저녁을 먹으며

티비를 듣고 있다

안개와 기적 사이로

 당신을 내려주고, 식지 않는 엔진의 열기를 만지다가 목적지에 이르고 나서야 비로소 시작되는 오늘이 꿈이지 싶었습니다

 어쩌면 다가올 바람보다 더 많은 비탈일지도, 걸어온 모래사장보다 더 많은 수렁일지도, 마주 잡은 손보다 더 많은 빈손일지도 모를 일들이, 알고 보니 그게 또 아니어도 괜찮다는 생각이었습니다

 골똘하게 당신과 함께 한 길은 밖에 있거나 흔들림 안에 있는 것이었습니다 누구는 미간에 내리는 눈송이라 하고 누구는 수면 위에 잠긴 빛이라 하지만 글쎄요 도착이 무언지 모르는데 출발은 안다 할 수 있는지 모르겠습니다

 그곳이 꽃이 온 자리라 해도
 그곳이 바람 소리가 걸린 자리라 해도

나는 더 멀리를 살고 있는 꿈은 아직은 눈물을 내어주어야 할 자리가 어딘가에 남아있기 때문이라는 웃자란 생각으로 조금 더 어지럽고 싶었습니다

 그러므로 당신이 남긴 길은 마지막 호흡인 듯 처음의 호흡으로 끝도 시작도 없는 있고로도 없고로도 아닌 괜찮지 않음으로 괜찮지 않음을 견디는 걸음의 시작이 되었습니다

 도시의 겨울이 두 번의 폭설에도 오는 봄을 막지 못하는 것같이
 오늘은 당신이 안고 가다 떨어뜨린 꽃잎이면 좋겠다 싶었습니다

끈

새가 떠난 나뭇가지에는
새가 떠난 자리가 남고

새의 노래가 사라진 나뭇가지에는
새의 노래가 흐르고 있다

우리는 나무 그늘에서
그 노래의 음조로 이태째 걷는다

그럼 그 음조는
여기 이곳의 삶을 살고 있다 해도 될까

오늘이 왜 여기 살다 어제가 되는지
오늘이 어떻게 여기 살다 내일이 되는지

오늘이 오늘이어서 슬픈
이 끈
놓고도 놓을 줄 몰라

우리는 숨이 차오르는 걷기를 자주 한다
어딘가에 당도해서 먼 곳을 바라보면

도착지를 알 수 없는 열차가 조그마해지고 있다

처서

비 온다
꽃문이 시달리겠다

비는 혼자 왔다
혼자 가지를 않아

당신에게 머무르는 마음 불면이다

비 그치면 물소리 되어 있겠다

어깨 위에 꽃잎
한 올 한 올 풀어내고도

이별은 여전히 어려워

당신에게 보내는 마음 흰 섬이다

슬픔에서 나가지 못하는 고요

침묵에서 나오지 못하는 쓸쓸

도착하지 못한 당신의 안부로

눈 감으면 물소리 어두워지고 있겠다

슬픔이 슬픔을 완성하고 있겠다

어느 날 30초

설산 고산 모두 일어나 바람의 혼돈에 물을 줄 때 우리를 지켜주던 산과 뜰의 잔별들 그리고 골목의 화초들

죽을힘 다해 죽어가던
남국

우리는 꾸욱꾸욱 걸어 바다에 이르러서야
봇물처럼 하얗게 피어나는 밤하늘을 바라볼 수 있었다

낯선 시간 속으로

*

한 그루 나무를 일으켜 세우는데
한 걸음이 부족할 때

나는 노래를 불렀다

가도 가도 걸음이 되지 않는 노래

나무란
빈 혼주석에 떨어진 붉은 꽃잎은 아닌지

먼 바다에서
돌아오던 날

뿌리가 흔들리는 것같이

잃어버린 눈물 두 개는 아닌지

아니면 아니라면
나무란

흰 복숭아 껍질 벗기며

안개 마을 지날 때
목 티를 가만히 접어주던 하얀 손목은 아닌지

힘이 없어
아프지도 못하는

푸른 새벽의 지워지는 말로
값도 잃고 무게도 잃은 고백 같은

*
그리하여
나무, 나의 나무란

남긴 일과 해야 할 일이 세운 사원은 아닌지

나의 노래는 부족하고

이슬 속의
시간으로만 부를 수 있는 노래

부르다 보면
꽉 찬 듯 가득 비워진

멈출 수 없는 노래

*

한 그루 나무가 일으켜 세우는
노래
나의 노래

백화 1

백로가 높이 날아오를 때
우리는 모래 숲으로 몰려갔다,

모래는 모래가 되어가고 숲은 나무를 잃어가고, 언제나 좀 괜찮아 지려나, 모를 마음속으로 여름이 깊어지고 있었다,

기차가 어제와 같은 시간에 흰 터널로 지나갔다, 잠이 왔다,

우리는 깊이를 알 수 없는 잠의 양손에서 나무가 제 몸을 열어 마지막 남은 여름을 죄다 쏟아붓는 것을 보았다,

모래 속에는 새의 목뼈
여름이 사라진 자리에서 우리는 모래가 키우는 흰 바위가 되어갔다,

백화 2

꽃이 피지 않는 날은 생각보다 일찍 왔다

아침이 저녁으로 가지 않았다

햇빛이 딱딱하고
매미 울음이 노랬다

뒤늦게
나는 두 발을 쳐들고 바람을 낳고 싶었다

그러면 바람이나 쐬러 가야겠다며 떠나간 사람이
꽃의 화서를 열 것 같았다

어제보다 조금 더 넓게 웃으며

시계 소리 한 잎 한 잎 걷어내고는
지난밤 잠자리는 괜찮았는지

아침은 잘 드셨는지

허리를 펴며 그 한 마디 물어주고 싶었다

당신이 어디 있든,
별일 없다고

물 위에 꽃잎 한 장 띄우면서

백화 3

시간을 오려
한밤에 붙인다

Dear, 환에게

~~이곳에 와 명자나무를 심을 때~~
~~이곳에 와 목련나무를 심을 때~~
~~이곳에 와... 이곳에 와...~~

잘 붙지 않는 시간을 구겨
휴지통에 넣고
창을 열면

달이 읽어주는 몸이라는 책

문장 하나하나의 술래
이리 숨기고 저리 숨기다가

커피만 쏟아버린다

방바닥 옷 손
흘러내리는 순간이

몸으로 흐르고 있다

저 흐름이 수세기의 달을 여기에 있게 하는가
저 달이 수세기의 그리움을 여기 살게 하는가

달은 지나온 시간이 춥고 나는 이 추위에서 나갈 수 없다

나는 다시 첫 문장처럼
백지 위에 시간을 오려 붙인다

Dear, 환에게

~~여기서 나는 잘 흐르고~~
~~여기서 나는 잘 흐르려~~
~~여기서 난... 여기서 난...~~

밤은 멈추고 어둠이 식는다

고집 센
시간을 뜯어 방바닥에 버리고
창을 내다보면

고장 난 경첩에 끼인 달

밤새 읽던 모든 날의 당신은
괄호 안에서 더 깊은 안이 되고 있다

날벌레 울음이
달의 이마에 추운 손을 얹고 있다

백화 4

육체는 슬퍼라
아! 육체는 슬퍼라

말라르메는 떠났다
나는

아직 책을 다 읽지 못했다

그리고
검은 바다를 향해 걸어간다

아는가, 고통은 어떻게 살을 찌우는지

내륙에서 태어나
해변의 하늘을 살았다

가령
수(水)가 많은 사주

물의 별 물의 길 물의 알

텅 빈 바다로 계층 없는 황량
바람만바람만 쓰다 지운다

나는
아직 책을 다 읽지 못했다

그리고
뱃사람의 노래를 잃었다

아는가, 미시시피강에서 입술은 어떻게 슬픔을 흘려보내는가

고통의 올 때
고통의 물컵을 들고

일테면
고통은 붉고
바다에는 보이지 않는 입술 자국들

만 겹 입술의 흔적들

육체는 서럽고
고통은 분주하다

그래요, 이 고통

나는 육체와 멀어지는 일은
육으로 헤어지는 게 아니라

육으로 닮아가는 일에
근면해지는 일이라 쓰고는

비를 부르고

당신을 부른다

사라진 노래의 관절이 삐그덕거린다

서해

물결에는, 당신의 비밀이 있다

가령,
1. 소식이 닿지 못하는 소식
2. 미미인형 죽은 사슴벌레
3. 누렇게 뜬 유칼립투스의 시간
4. 밤마다 작아지는 달의 신음 소리
5. 천장에 매달은 붉은 하늘
6. 새벽 종소리의 무릎
7. 마른 혀로 제 상처 핥는 바다
8. 별과 별 사이의 낙하

바다에는 당신에게서 삐져나온 숨결*이 산다

* 카프카: 삶은 죽음에서 조금 나온 것.

구름사막을 걷는 일

*

지난밤 그대가 나에게로 무너지고부터
나는 수요일을 향해 걷게 되었지

공습의 수요일

*

수요일이 바다 위에서 부표로 떠다닌다 생각 않고
그 멀고 먼 곳에서 끝없이 여울지고 있다 생각했지

그 차이가 어디에 있는지 말할 수는 없었지

눈 먼 자의 귀 – 바다의 종소리

*

수요일은 어느 요일에 들어 있는 걸까
누구는 화요일 다음에 오고 누구는 목요일이 오기 전에 온다는데

다 거짓말 같았지

수요일은 수요일이 끝나지 않으면 알 수 없는 일

*

가까이 지내는 이모가 그랬지, '흰 눈이 발돋움할 때 순한 한 목숨 태어난다' 그랬지

*

눈 오는 여름날
나는 혼자 있는 게 세상 싫을 때

지난겨울의 마른 잎을 생각했지
봄이 올 때 그 잎들은 어디로 갔으려나, 어디로

아침이 되어도 지난밤이 사라지지 않았지

*

무릎 사이로 기도 제목 떨어뜨렸을까
바닥에 수북이 은일의 시간 떨어뜨렸을까

그런 일은 왜 일어나는 걸까

생을 녹이고 영혼을 녹이고
심장을 녹이면 알 수 있을 것 같아 국화를 던졌지

바람이 말하길, 그 이쁜 걸 왜 던지고 그래, 죽은 별이 뭘 안다고
흰 수염 바람이 말하길, 그냥 둬라, 그게 아니면 마음이 뭘 어쩌겠어

*

청소도 안 했는데 수요일이 시작되었지
수요일이 시작되었는데 오늘이 무슨 요일인지 모르겠으니
몰라도 치우고 살아야 했지

매미도 죽어 있고 방아깨비도 죽어 있어 뒤를 정리해 줘야 했지

*

서울서 언제들 내려왔는지
죽을 것 같았던 군자란 꽃망울 터뜨리고 있었지

그렇게 되었지

*

대청소를 하다 서랍장 밑에서 금니를 찾았지
찾다 찾다 못 찾은, 그대의 금니, 떠난 그대의 금니

여기 있는 줄도 모르고

커튼을 걷고 창문을 열었지
아무 일도 아닌 것처럼,

아무 일도 아니지 않은 것처럼,

*

수요일이 무너지면 향이 사르르 쏟아졌지

오래전 약속이 있어서
나는 신발을 구겨 신지 않았지

한순간만이라도
그대의 애월에 떨어진 머리카락으로 집을 지었으면 좋겠다는 생각으로 걸었지

그 집에 들어 명자꽃으로 머리핀을 만들어주고 싶었지

수요일을 걸으면 수요일의 구두 바닥에 뭐가 그리 많이 부풀어 올랐지, 어쩌긴, 달래주고는 다시 걸었지

그건 생각보다 멀리로 돌아가는 일이었지

음역

바다

어제는 모래사장에 집을 짓고
오늘은 파도 속에 사랑을 짓는다

(내게 일어난 일은 이게 아니다)

바다는 어제를 유리창에 들이고
유리창은 오늘 속에 비를 들인다

(내게 일어난 일은 이게 아니다)

이쪽이 뜨거워 너머의 산이 흥건하다

가스 불을 켜 놓은 채 잠이 들면
먼 바다의 이야기가 꿈을 태운다

(내게 일어난 일은 이게 아니다)

어제는 어떻게 엎드림을 남기는가
엎드림은 어떻게 머리카락을 사르는가

꿈이 타면 집이 타고
유골은 여기에 남는다

내 백골이 여기에 있다

어제는 햇살이 단풍을 태우고
오늘은 흰 광목이 애를 태운다

(내게 일어난 일은 이게 아니다)

바다
노래를 비워내고도 아직 저음으로 흐르는 바다

(하지만 내가 본 것은 이것이 아니다)

그 다음이 궁금해

 그 여름은 하늘이 낮고 파도가 높았다 일기예보를 놓쳐 파라솔 아래로 흐르는 음악이 젖었고 그늘이 젖었고 마음까지 젖을까 봐 우리는 온몸 다그치며 자리를 떴지만 한발 늦었다

 세상 끝으로 눅눅해진 마음을 널어놓으려 했으나 한나절을 적시고 한나절을 잃게 되었다 하늘이 뱉어낸 한 뜸 가래침을 피하지 못해 우리는 차가운 물속에 비친 얼굴을 비스듬히 바라보며 물었다

 비는 어떻게 이리 많은 걸음을 가지게 할 수 있는가
 물 알갱이는 어떻게 이리 많은 삶들을 살게 할 수 있는가
 바람은 어떻게 허공 구석마다에 이리 투명하게 제 옷을 젖게 할 수 있는가

 하늘의 속내 알 수 없어 손바닥 처마에 나란히 서서 대기가 키우는 비를 바라보았다 어떤 다짐처럼 바닥을

치는 건 모두 비밀이 되었다 손가락 사이로 빠져나간 빗물이 언젠가는 꼭 가 봤으면 싶은 강가에 닿을 것 같았다

 심장을 지우고 얼굴을 지운 비의 세계가 아무 일 없는 듯 사라지기는 하는 건지 그건 잘 모를 일이었다 어느 날 푸르고도 모를 한 뼘 의문은 봉인될 것이고 우리의 꿈속을 짓누르기도 하겠지만

구름은 귓불이 두껍고

나쁜 꿈을 꼭 쥐고 너는

지평선 너머
산티아고 낡은 배의 시간을 걷고 싶다, 했지

작은 어촌의 비린 바람으로 걷고 싶다, 했지

잃어버린 청새치의 길도 걸어가고

밀림 거느린 사자의 꿈도 만지고 싶다, 했지

했지, 세상을 향하는 것이 아니라

당신과 꼭 걷고 싶은 곳이 있다, 했지

모두를 잃고 뼈만 남은 유업으로

바람을 다 맞아도 좋다는

산티아고
산티아고

가장 낮은 물이 바다를 지키는 그곳에 가면

당신이란 이름만으로도 걸을 수 있는 길이 있다 했지, 그랬지

4부

연기

이후

모기는
낮에는
잘 안 보인다

사랑의 기여

밤이면
모기는
어둠을 문다

보이는 것과
보이지 않는 그 틈에서
우리는 무방비

그리하여
우리의 생활은 어느 순간 깨지기 시작한다

아껴 쓰는

밤이 파괴된다

이렇게는 안 되겠다

다짐하는
순간
보았다

모기의 손톱이 새카맣게 죽어 있었다

범사
-아산

모퉁이 3번 테이블의 이야기에는 창 너머가 있고 먼 파도가 있고 이국의 깃발이 기울어 있다

언젠가 나는 그 자리에 앉아 있다
커피를 마시기 위해서가 아니라
그 자리에 앉기 위해서

거기에 있다
휴지를 세 번 접어 비행기 만들고
면이 선이 되게
모서리의 방향을 열어놓는 습관으로

앤틱풍 의자에
앉아
날인한 서명은
아직 구실을 찾지 못해 비뚤하다

오후의 전등이

비쩍 말라 있고
식은 커피가 세 번 더 식는다
텅 빈 음악이 오래된 수족관의 물고기처럼 의자 사이를 거닐고 있다

나는 창 너머로
햇빛이 탕진될 때까지 있다
두 팔 치켜든
노를 닮은
나뭇가지의 휘어짐도 함께다

형체를 잃어가는 곳에
이름자만 남은 설치 조각품처럼

창 너머는 벽이 높다

나는 바다가 어깨에 손을 얹고
왼손으로

빛의 방향
꺾는 그곳을 바라본다

거기는 어떻게
거기를 향할 수밖에 없는 걸까

외발로 서 있는 새가
나의 모래를 지키고 있다

노을이 발끝에 입을 맞추며
바다가 되어간다

쇠사슬을 끄는 검은 치맛자락 펼치며
각혈하는 빛

저 빛 너머에서 나의 잃어버릴 시간들이
납작 말린 제비꽃을 보일지 피어나는 장미를 보일지
몰라서

모르므로
나는 잘 안 풀리는 시간에 생각보다 오래 머물렀다

새들의 분화

어쩌면 그 별은 어느 날의 못 잊음인지 모른다

안구 내압 검사하며
분사되는 바람 길에서

마주친 흰 별

나를 잃고 나를 놓쳐 다시 나에게 이르기까지
못 잊은 줄도 몰랐던 유민의 별

그 별은
어느 시간을 건너가지 못하고 있던 걸까

언제부터 나는
어느 시간에 묶여 제자리 걷기를 하고 있었던 걸까

먼 이국에서
불빛 향하던 새들이 떨어져 죽었다는 글을 읽었다

그 빛은 새에게 무엇이었을까
그 새는 죽으면 죽으리라는 숨결로 날아갔던 걸까

의사는 우주의 문고리가 일그러진 게
두통의 원인이라며

망막 속으로 빛을 밀어넣는다

저 빛이 내게로 발을 뻗을 때까지

별이 꽃으로 바람으로
다녀간 시간을 어림하려 해도

그게 어디 어림되지도 않아

나는 별의 시간을
링에 걸어 목에 감고는

별의 심장으로
흘러드는 빗물을 바라보기만 한다

그 빗물에 왼발을 적시는 버릇이 생기고
젖은 걸음으로도 잘 걸을 수 있다는

마음을 갖고 싶었다

내 걸음의 방식

*

길을 잃으면 그 자리서
그대로 있어야 한다는 말을 기억하고부터

내 걸음의 방식은 조금씩 달라졌다

슈퍼가 있고 나리꽃이 있고
마을버스가 머물다 가는 길은

멀리 가려는 마음을 잡아당겼다

*

'코드네임 콘돌*' 주인공은 사람을 너무 쉽게 믿는 일로 상처를 많이 받는다 상처가 사람을 의심하는 병을 키우고 결국 아무도 믿지 못하는 표정을 세워놓는다 그런 날들에 그래도 햇살이 들고 바람을 들이며 꽃으로 다시 피어날 수 있었던 것은 신발 끈을 잘 묶어서이다

*

아주 가끔 잃어버린 길이 반나절만큼의 그림자를 늘인다

그때마다 나는 이국의 차를 마신다 납작해진 목숨으로 던져지는 꿈 뜨겁게 살아나는 꽃

나는 다시 사는 꿈을
아흔아홉 번째 지켜보고 있다

• 영화.

제비꽃다발

이토록 많은
어둠

참빗으로 빗어준다

엉킨 이야기가 가지런해진다

평행선을 따라
첫차가 떠나면
다음으로 오는 첫차

높은 가지 끝으로
손금을 타고

떠나간 사람은
걸어 다니던 골목을 남겨 놓고
남겨진 나무의 꽃은
새 가지에 열매를 얹는다

언제든 돌아가고 싶은 페이지를 남겨두면
그 페이지의 밑줄에는

추운 새벽의 기침이 남고
첫차가 휘감은 아침노을이 남아있다

이토록 많이
남겨진 이야기

이음새도 맺음새도 없는 하늘이
훗날의 시기처럼

아무도 돌보지 않는
영혼의 시간을 내려 보내면
구름은 어느 창가에 앉아

머리카락을 나부끼고

아직 걸어야 할
영혼의 발가락은

보랏빛 운동화 끈을 묶는다
이토록 오랜 노래

지금은 쓸쓸한 영혼의 첫차에 오를 때
어둠의 바깥이 어둠의 지붕이 되어 준다

유리창에 유리가 있고

*

이 소리는
하던 일 모두 내려놓고 듣는

어느 날의 파도 소리

낯선 가슴 섬길 줄 몰라
사해로 자라는 동백 흰 동백

어느 하루
나는 이불 밑으로 연안을 잠재우고 한가로이 파도 소리 위에 눕는다

추운 돌의 날에

이웃 고양이가 하품을 하고
자고 나면 다른 사람이 되어 있지 않은 신비의 머리맡을

긴 잠이 지켜주고 있다

어느 사정이
더 이상

뜨겁지 않을 때까지
잃어버릴 말들을 먹이고 재우다 보면

겨울나무와
겨울바람이

각자의 방식으로
봄의 바다가 되어가고 있다

*

모든 날들이 유리창으로 모인다
생각을 눕히고 귀를 눕히고 차가운 빛에 이마를 대고

있다

  나는 식물의 발걸음으로

  파도 아래 집을 지은
  뿌리에게로 가고 싶다

  해류에는 초승달
  달이 흘리는 피

  물길이 되어보고 서성거림이 되어보는
  파도, 바다의 그림자

  나는 유리창 앞에서
  하늘, 쓸쓸을 쓰다듬는다

  무너질 기대도 없이
  빛은 멀리로 한 점이다

새로운 이해

    우리의 영혼이 그 자리에 출현하는 일은 누구의
    잘못이 아닐 게다

자클린의 숲에서
햇살과 바람은 흔들리며 산다

나무 한 그루 안에는
굵고 가늘고, 높고 낮은 시간이 등을 구부리고 있고
느닷없이 꺾이어 홀로 투병하는 시간이 축 늘어져 산다

이 숲에서 나의 옷가지 잡아당겨
나의 영혼을 염탐하는 산비둘기는

어느 시간을 살고 싶은 걸까

자클린의 하늘 아래서
나의 영혼은 흔들리는 오후이다

저녁 인사는 아침을 기억하고

아침 인사는 해야 할 일을 생각한다

자클린의 숲에서
바램도 없고 비밀도 없고 그리고 아무 기대도 없어서
가만있는 것이 가장 잘 사는 일이란 걸 알기까지

제 걸음을 너머 걸어야 한다는데
그것이 무엇인지는 잘 모른다

걷는 사람
―어둠을 깨우는 불빛, 거기가 누군가의 자리라면, 불빛이 아직 도착하지 않은 집은, 먼저 걸어온 울음이 주인이다

텅 빈 광장에
불기둥과 날벌레의 몰두에

더러 너의 마음은 머물렀던가

층층 돌계단
걸어, 어느 계절에 왼발을 내려놓아야 할지
어느 시간을 다시 깨워야 할지 모르겠는 무의에

더러 너의 마음은 머물렀던가

니코틴의 탄내와 부서지는 숨으로 바람아 바람아 사람아

밤을 지키려는 등불 앞에서
파랑새가 삶을 맴도는 소리 들으려

더러 너는 그 너머에서 돌아오기도 하였던가

신문지에 날벌레의 핏물
손가락으로 털어내고
휘어진 핏줄 끊어내며

너는 더러 그 너머에서 돌아오기도 하였던가

그 여름이 보낸 시

부레옥잠 키우던 독에
물 한가득 담아 놓았더니

어느 밤
별이 다녀가고
물이 시름 앓고 있다

저 수심에 돌을 가라앉히고
물풀을 내버려두기는 했지만

별이 가득한 저 자리
물의 괴로움 멈추지 않는다

저 별은
그 여름이 보낸 시

눈 쌓인 산 위에
갈겨 그린 불꽃

백로 두 마리 천공 맴돌다 가고
구급차 가까이 오다 멀어져 간다

백묵이 동그라미를 풀 수 없고
동그라미가 백묵을 놓을 수 없어

별은 어둠 속에서 눈만 깜빡이고 있다

모르지 마세요

'나는 포도를 넘겨도 향기는 넘기지 못한다'는 문장을
쓰다 말고

금붕어가 어항에서 튀어나오는 정경에 들어요
솟아오른 몸뚱이의 목덜미를 어둠이 낚아챘을까요

여기, 이 자리

펄펄 엉킨 꿈속 밀고 들어와
벌겋게 입질하던 가을의 나뭇잎처럼

우연도 필연도 깨물리면
모두 독이 되는지

파닥임이 멈추자 고요가 무거워졌어요

받았다가 되돌려주는 언젠가들,
그러니, 지금은 같이 있어 줄 시간이에요

그것이 슬픔을 나누는 일이라면
마음 편치 않기로 해요

모르는 사이 끌려가 주는 마음이
끌려가도 괜찮다는 건 아닐 거예요

안 만났으면 좋았을 마음,
안 만났으면 좋았을 마음,

내가 밟은 포도알이에요

너무 빠르거나
너무 늦은 일이 늘 그랬잖아요

그냥 이때가 가장 좋은 때라는 말
가끔 눈을 감고 싶을 때 있어요

그러니
엇갈림만 남은 그 시절을
모르지 마세요

그런 일은
세계의 어떤 얼굴을 보여주고 싶다는 바다의 손짓일
거예요

그런 일은
세계의 어떤 잘못을 꾸짖고 싶다는 바다의 뒤채임일
거예요

갈 수밖에 없는 길은 가기로 해요

세계의 목덜미 이제 놓아주기로 해요

향기만으로도 포도가 다녀간 뒤는
음, 포도 맛이 나요

여름의 질문

내가 밟고 있는 여름의 그늘에는
하늘이 머물고 바람이 머물고 슬픔이 머물러 있다

저 많은 머무름이 고요에 들 수 있는 거는 여름의 나무가 꽃잎을 잃고 속도를 잃고 흔들림을 잃었기 때문이다

천년이 가도 그늘이 사라지지 않는 이유는 누구도 저마다 없음의 무게를 짊어지고 사랑의 한낮을 건너고 있기에 그렇다는데

지금 그늘의 힘으로 걸음을 옮기는 나는 얼마나 많은 것을 잃어야 저 여름의 오른손을 잡고 가벼이 오르내릴 수 있게 되는 걸까

덧없어서 아름다워서

텔레비전 켜 놓은 채
깜박 잠들었다 깼네

미니시리즈 끝나고
마감 뉴스 다 끝날 때까지

어느 기미도 알아채지 못했네

성좌가 뜨고 지고
꽃이 열렸다 닫힐 때까지

정규방송 식은 모니터 새카맣네

봄밤 덮는
오월의 어둠에 잠겨 가만 생각하니

나비 쿠션에 떨어진 머리카락
다 내게서 온 것 같지 않네

어떤 순간들이 나를 통과해
나를 살다 간 막막 같고 아득 같네

시계침은 툭툭 제 몸 밀치며 돌아도
한 번도 돈 것 같지 않은 표정

콘크리트 뚫고 나온 꽃봉오리로
텔레비전에서 텔레비전으로

멈춘 가지 끝에서

멈춘 가지 끝에서 다시 사는 법 알아보러 가요
오늘은 참 쓸쓸하니까요

물방울의 입술 더듬으며 가요
오늘은 이슬의 발걸음으로 걸어야 하니까요

한 그루만 사도 괜찮은데 한 그루 더 사면 깎아준단 소리에
묘목 한 아름 안고 서서 웃던 그날의 그 웃음도 같이 가고요

왜 이러고 있냐며 팔 잡아끌던 그 시간의 손목도 같이 가요

오늘의 햇살과
오늘의 날씨와
우울처럼 드리워진 네 개의 나뭇가지로 흘러가요

오늘은 오늘이 넘어진 자리에서 일어나는 부르다 만 노래예요

사람이 다른 시간 다른 목소리로 다시 불리는 일
우리가 만들 수는 없잖아요

그러니 흔들리는 가지 끝에서 잎 틔우는 법 배우기로 해요
괜찮아요,

정말 괜찮아도 되는 건지는 묻지 말고요

그것은 누구와도 관계없는
내가 내게 안심이 안 되어서 그러는 거니까요

우리 멈춘 가지 끝에서 다시 사는 일, 한 번 믿어보기로 해요

바람을 기다려

 피아노 치며, 비포장길 달려요, 산을 부르고, 예당호에 잠겨요, 뱃놀이하는 당신을 보내주고, 미끄러지는 맨발에 붙잡혀요, 흰 살결 부서지는 물결 되어보고, 물방울 터지는 소리 되어보다, 웃음 여미는 정적에 들어요, 한낮의 어둠 주머니에 넣어, 낯선 별 그리고, 당신의 눈빛도 놓아주어요, 호수에 햇살이 무너지면, 이제 그만 집에 가자 툴툴 일어서고, 아프면 푹 자고, 자고 나면 모르게 다 낫기로 해요, 아무도 모르게 구름의 닻 올려, 피아노를 닫고, 민머리 희망에는 얼씬도 말고, 돌아올 곳은 두지 않기로 해요, 그리고

 기다려요,
 기다려요,

| 해설 |

이별의 정한을 사랑의 근미래로 옮기는 일

정과리(문학평론가)

1. 한국적 감성 속의 시

이수진의 시는 익히 보아 온 한국적 감성을 노래하고 있는 듯이 보인다. '익히 보아 온 한국적 감성'이란 대부분의 시가 '이별에 따른 정한'을 주제로 하고 있다는 데에서 비롯한다. 아마도 좀 달라진 게 있다면 떠나는 님의 형상이 다변화되었다는 점일 것이다. 첫 시인 「여름 강」은 여름을, 다음 시, 「개정」은 "당신과 나의 시간"을, 그다음 시, 「조용한 생활」은 바깥 풍경을 보고 세상일을 짐작하는 능력을, 또 다음 시들은 각각 잃어버린 사람들, 사물들, 기타 등등을 대상으로 설정하고 있다.

따라서 종합컨대 이별 그 자체가 주제인 듯이 보일 정도라서, 이 시집을 이별의 존재 양상에 대한 탐구라고 정의 할 수도 있으리라.

그렇다면 당연히 독자는 물어보게 된다. 대상의 무차별화에 근거한 이별의 탐구는 왜인가? 이별 그 자체에 대한 인류학적 호기심인가? 과연

> 떠나고 보내는 일
> 내 안엔 너무 많은 여름이 산다(「여름 사유」)

같은 시구는 그런 답안 쪽으로 표를 던지게 하는 듯하다. 그러나 그런 건 시인이 아니라 비평가가 해야 할 일이 아닌가? 물론 우리는 이런 호기심이 창작가의 오래된 취향 중의 하나임을 알고 있다. 17세기 프랑스에서 마들렌 드 스퀴데리 양은 『로마 여인 클렐리 이야기(Clélie, histoire romaine)』(1654)에서 사랑에 이르는 여러 가지 길들을 그린 '사랑의 지도(Carte du tendre)'를 제시해, 당대의 살롱계에 엄청난 인기를 누렸었다. 그러나 이런 탐구가 순수한 호기심의 산물만은 아니었다.

> 알레고리적 관점에서 본다면, 이는 사랑의 상상국에 대한 지도이다. 그러나 여주인공이 독자들에게 그것을 활용하는 법을 가르쳐 줄 때, 그것은 남성들에게 사랑을 쟁취하는 기술에 대한 여성들의 관점을 교육하는 방안이 된다.[1]

이와 마찬가지로 이수진의 시들 또한 분명한 의도가 없다 하더라도 마음의 길을 따라 어떤 목적 쪽으로 시의 광경을 이끌고 간다. 실로,

이 거울은 잃어버린 숨으로 인해 흔들리는 세상이 아닌가(「여름 사유」)

라고 말함으로써 시인은 상실의 심각성을 표출한다. 이 심각성은 이중으로 걸린다. 하나는 이 이별의 양상들 뒤편에 화자 혹은 시인의 이별의 사연이 도사리고 있다는 것이며, 다른 하나는 모든 이별에서 준수되어야 할 윤리적 가치에 대한 책임감을 화자가 가늠하고 있다는 것이다. 다시 말해, 이 이별은 개인적 상처와 집단적 윤리라는 두 개의 상이한 지점에 연결된다.

가령

언젠가 건네받은 당신의 말은
벼락처럼 살아있으나

---

1) 조앙 드장(Joan Dejean), 「1654-살롱, 프레시오지테 그리고 여성들의 영향 1654-Les salons, la préciosité et l'influence des femmes」, 데니스 홀리어(Denis Hollier) 기획, 『프랑스 문학사(De la littérature française)』, Paris:Bordas, 1993, p. 291.

나는 그 안으로 뛰어내리지는 못했다(「정애」)

같은 시구는 자신에게 강력한 영향을 준 '당신'과의 불가능한 사랑을 암시하고 있으며, 반면

잎도 썩고 그늘도 썩고 바람도 썩은 부패의 날들에게 옆구리를 내어주며, 근심과 고통의 마디를 이어, 세계를 둥글게 완성해 나가려는 듯, 봄이 귀를 묻고 눈을 감고 왔다.(「패밀리」)

같은 시구는 부패로 인한 봄의 상실을 노래함으로써 오늘의 정치적 상황을 암시한다.

시인에게 이 두 가지 문제의 상관성은 거의 당위적인 것으로 보인다. 그래서 어릴 적 '꽃잎 따기' 놀이를 하는 도중, 떨어뜨린 사탕에 몰려든 개미들을 "먼 친척 형"이 발로 "짓이겼"던 일을 회상하면서, 이렇게 쓴다.

우리가 사과처럼 웃을 때

지구 끝의 비명이 가볍게 덮였다

우리는 그때
죽음을 열망하며

마지막 꽃잎 잃을 이마에

딱밤 새길 생각으로
웃음을 긴장시키고 있었다(「우리가 사과처럼 웃을 때」)

 아이들은 그때 막연히 사과처럼 웃고 있었지만, 마지막 "딱밤"을 맞을 이마에는 그 웃음이 저도 모르게 긴장한다. 그 긴장은 은근히 자책과 자기 처벌의 기미를 띤다. 무심결에 행했던 일이 자행한 개미 살육의 결과에 대해서 말이다. 이때를 회상하는 화자는 '딱밤 맞을 이마'를 "마지막 꽃잎 잃을 이마"로 표현함으로써, '꽃잎 따기' 놀이에 상실의 의미를 부여한다. 놀이가 미필적 고의에 의한 살육으로 변질되었으니, 꽃잎이 가진 상징적 가치를 잃고 말았기 때문이다.
 문제는 이 두 연결선 사이의 농밀한 긴장일 것이다. 좀 더 정확하게 말하면, 개인적 상처의 절실성은 집단적 윤리에 의해 보증받을 수 있어야 하며, 집단적 윤리는 개인적 체험의 절실성에 근거할 때만 보편타당성을 얻는다는 것이리라.

2. 체험의 절실성과 윤리적 정당성

이수진 시의 특이성은 바로 여기에서 시작된다. 방금 우리가 던진 이 이중 과제는 이미 널리 알려져 있는 것이다. 따라서 이에 대한 방안도 꽤 제출되어 있다. 그리고 때때로 이 방안들은 억압적 명령으로 작동하기도 한다. 가령, TV 화면에도 뜬 적이 있는 이런 시구를 보자.

너에게 묻는다
연탄재 함부로 차지 마라
너는 누구에게 한번이라도 뜨거운 사람이었느냐

이 시구는 삶의 절실성을 느끼지 못하는 어떤 행동도 의미가 없다는 금언을 갈파하고 있다. 타당한 이야기라고 할 수 있다. 그러나 저 말하는 어조를 보라. 첫 행, "너에게 묻는다"를 어떤 독자는 거의 심문조로 느낄 것이며, 세 번째 행의 어조는 부정을 이미 전제한 힐난으로 들릴 것이다. 그래서 연탄재를 구경도 못한 사람조차, 졸지에 연탄재를 함부로 걷어찬 사람이 된다. 이런 시구가 독자들의 입술에 회자된다는 것은 매저키즘 취향을 의심할 수밖에 없는데, 의외로 그 독자수가 꽤 많은 양을 차지하는 것 같아, 우리의 문학 교육을 새삼 걱정스럽게 되돌아보게 한다.

우리는 이런 고압적인 자세가 특정한 문학적 경향을 둘러싸고 미만해 있는 걸 본다. 그러나 실제 그 경향의 기본

구조를 만든 시는 그러지 않았다. 황지우의 「겨울-나무로부터 봄-나무에로」가 그것이다. 거기에는 오로지 나무의 운동에 대한 치열한 묘사만이 있다. 독자를 면박하는 내용은 물론 어떤 발언도 개입되지 않는다. 다만 독자에게 자기 극복의 과정만을 제시하였다.[2]

모두가 그렇게 할 수 있는 건 아니다. 황지우의 그 시는, 복류한 한국 서민들의 생장력이 축적되어 있었기 때문에 가능했던 것이다. 그것은 곧바로 1987년 6월 항쟁을 통해 폭발하였다. 이수진의 시에는 그런 조건이 없다. 그의 시는 근거 대상을 명확하게 밝히지 않은 게 태반이다. 그래서 구체적 경험과 무관한 시를 쓴 것처럼 나타난다. 그 대신 앞에서 말한 대로 이별의 지도를 그리고자 하는 의지의 표현처럼 읽힌다. 그러나 이미 앞에서 암시했듯이, 그런 표면적인 무심함은 실제로 절실한 체험을 감추고 있다. 다만 그 절실한 체험은 겉으로 고백되지 않고 특정한 환유들로 지시되어 있다. 가령,

도둑처럼 당도할 소식 맞이하듯

버스가 멈춰 설 때마다

---

[2] 이에 대해서는 필자의 「추상적 민중에서 일상적 타자로 넘어가는 고단함」, 『1980년대의 북극꽃들아, 뿔고동을 불어라』를 참조하기 바란다.

> 과목보다 높이
>
> 이마를 두리번거리고 있다(「이별을 사는 길」)

에서의 '높이 이마를 두리번거리'는 동작이나,

> 가도 가도 걸음이 되지 않는 노래
>
> 나무란
> 빈 혼주석에 떨어진 붉은 꽃잎은 아닌지(「낯선 시간 속으로」)

에서 '나무'와 '꽃잎'의 혼동을 통한, 자리에 없는 어느 '혼주'에 대한 암시

> 뒤늦게
> 나는 두 발을 쳐들고 바람을 낳고 싶었다
>
> 그러면 바람이나 쐬러 가야겠다며 떠나간 사람이
> 꽃의 화서를 열 것 같았다(「백화 2」)

에서 "바람이나 쐬러 가야겠다며 떠나간 사람"에 대한 그리움으로 인해, 바람 시늉을 하는 몸 등, 구체적인 사연

은 알 수 없어도, 분명 특정한 대상을 염두에 둔 표현을 지속적으로 이어나간다.

한데 시인은 자신의 구체적인 사연은 감추는 대신, 이 이별의 양상을 보편적 진실의 문제에 접목시킴으로써, 이별의 아픔을 승화시키고자 한다.

> 언제부터 나는
> 어느 시간에 묶여 제자리 걷기를 하고 있었던 걸까
>
> 먼 이국에서
> 불빛 향하던 새들이 떨어져 죽었다는 글을 읽었다
>
> 그 빛은 새에게 무엇이었을까
> 그 새는 죽으면 죽으리라는 숨결로 날아갔던 걸까
>
> 의사는 우주의 문고리가 일그러진 게
> 두통의 원인이라며
>
> 망막 속으로 빛을 밀어넣는다(「새들의 분화」)

승화 행위의 전형적인 보기이다. 그는 어떤 상실과 '못 잊음'으로 인해 정지된 삶의 자리에서 동동거리고 있다. 그러다 문득 빛을 향해 날아가다가 떨어져 죽은 새에 관한 기사를 읽는다. 화자에게 새의 죽음은 자신의 처지와 상동성이 있는 행위로서 감지된다. 새의 행위는 일종의 생명적 사건이어서, 이때 화자는 자신의 사연이 그런 보편적 의미를 구할 수 있어야 한다는 깨달음을 얻는다. 그건 마치 "망막 속으로 빛을 밀어넣는" 것처럼, 아픈 각성을 낳는다. 빛은 그전의 눈을 버리게 하고 새 눈을 주려고 한다. 물론 화자의 안구가 어떻게 운동하느냐에 따라, 그는 새 눈을 얻을 수 있을 것이다.

3. 행동의 고안: 자기에게 이르려면 우리를 바꾸어야 하리

그 운동은 치밀한 고안을 요구한다. 왜냐하면 시인은 자신의 사연을 최대한 감춤으로써 경험의 절박성을 희박하게 만들었기 때문이다. 이것은 없는 경험조차 억지로 만든, 앞에서 본 강압적인 시의 경향과는 정반대로 나아가는 것이다. 그리고 그것은 독자를 윽박지르는 대신에, 화자의 고안을 행위로 실연하는 과정을 독자에게 제출한다. 그에 호응하여 덩달아 추체험하는가의 여부는 독자에게 달린 문제가 된다.

그러한 태도를 시인은 다음과 같은 시구로 제시한다.

장미는 어떻게 자기를 지워 자기를 사는가(「죽음을 사는 일」)

그리고 몇 행을 지나, 그 태도의 의미를 명시한다.

 장미는 어떻게 자기를 걸어 자기에게 이르는가

이 태도와 의미 사이에는 치열한 움직임이 가정되어 있다.

 삶은 알고 장미는 모르는 어떤 소용돌이
 장미는 모르고 삶도 모르는 어떤 소용돌이

그 알 수 없는 소용돌이를 제대로 실행하기 위해서는 태도 이전과 이후의 모습에 대한 구체적인 파악이 필요하다. 우선 앞에서 인용된 태도 이전에 화자는 만남의 실패를 토로한다.

 장미의 꽃잎을 혀라 부르기로 한다

 꽃을 들고 너를 찾으러 간 길 끝에서
 바람이 불자
 장미꽃 한 잎의 혀 쑥 빠진다

다시 바람이 불자

장미꽃 수만 잎의 혀 쑥쑥 빠진다

  화자는 '너'를 찾아간다. 그냥 가는 게 아니라 "꽃을 들고" 간다. 이 행위를 독자가 모를 리 없다. 그런데 '너'는 모를 수도 있다. 알면서도 모른 척할 수도 있다. 그래서 장미를 입의 '대행기관'으로 삼기로 한다. 장미 꽃잎은 '혀'로 가정된다. 그러고 보니, 꽃잎과 혀 사이에는 그 모양으로 객관적 상관성을 확보한다. 그런데 '나'(화자)가 말을 한다고 해서 그가 정말 받아줄까? 오히려 그의 외면(外面)을 더욱 자극하지는 않을까? '나'의 마음속에는 불안이 요동하고, 그때마다 혀는 움츠러든다. 혀를 대행한 장미꽃이 혀를 대신해 쑥쑥 빠진다. 화자의 마음속에서 장미 꽃잎은 몽땅 빠졌을 뿐만 아니라, 세상의 모든 장미꽃들이 다 빠진 것처럼 느껴진다. 완벽한 좌절이다. 그는 '너'에게 접근하기도 전에 이미 전의를 상실했다. 할 말을 모두 잃었다. 그러고 나서 나온 발언이 앞에서 본 태도의 제시이다.

  장미는 어떻게 자기를 지워 자기를 사는가

  이 태도가 어떻게 바로 나올 수 있었을까? 그것은 그 이전의 상황이 실은 화자에게 수도 없이 되풀이되었었다는 것을 가리킨다. 방금 인용한 구절들은 그 수많은 좌절을 요약적으로 복기한 것이다. 그렇기 때문에, "장미꽃 한 잎"이 곧바로 "장미꽃 수만 잎"으로 치환될 수 있었던 것이다. '수만'은 여기서 수량을 뜻할 뿐 아니라 동시에 시간을 뜻한다. 그러니까 이 복기된 문장들은, '더 이상 이렇게 살면 안 된다'는 뜻으로 귀착한다.

또한 그렇기에 저 복기문은 동시에 반전의 단서를 품고 있다. 혀가 움츠러드는 걸, "빠진다"고 표현했다는 것. 그것이다. 혀는 입안으로 사라지는 게 아니라, 남는다. 다른 시편에서

> 꼭 온다는 말은 꼭이라는 말을 남긴다
> 정말 온다는 말은 정말이라는 말을 남긴다(「어나더 타임」)

라고 썼듯이 이별의 결말은 기필코 만남의 정념을 남기고, "당신이 오는 일이 시작"되도록 하기 위해 몸부림을 치게끔 한다. 마찬가지로 혀는 사방에 흩날리는 꽃잎의 모양을 빌어 사방으로 쏟아지는 어떤 말들이 된다. 그 말들은 하지 못한 말, 할 수 없는 말이기 때문에 들을 수 없는 말이고 소용돌이치는 말이다. 만해의 시 「님의 침묵」의 마지막 행에서 제시된, "제 곡조를 못 이기는 사랑의 노래"가 된다.

그러나 그것은 그 상태 그대로, 새 삶의 가능성이 된다. 혀의 주체는

마치 추운 돌 위에
　　빛의 기지개처럼

　　차가운 소멸로 단단해지는
　　영혼의 하얀 피(「개정」)

처럼 단단해지며 빛의 기지개를 켠다. 그래서 이어지는 시구에서 화자는 말한다.

　　혀, 안에 있는 것 같아도 언제나 바깥을 넘어서 있는 것
　　같다

이어지는 연에 표현된 대로, "여름 그 해/땀구멍/송송/막혀/제 혀, 깨물고 싶었을 때", 혀는 새로운 현실을 명명하는 입이 되기를 꿈꾼다. 그것은 이어지는 행이 가리키는 대로, "자기를 걸어 자기에게 이르는" 과정이 된다. 왜냐하면 이때 비로소 '나'는 '나'–'너'의 굴레에서 벗어나기 때문이다. 그 해방을 통해 나는 독립한 '나'로 온전히 설 것 같다.

그러나 화자는 다시 의심한다. '나'가 독립한다고 해서, 그것이 정말 해방일까? 왜냐하면 내가 탈출한다 해도 '너'는 여전히 예전의 굴레 속에 남아 있기 때문이다. 그 의심

을 화자는 이렇게 표현한다.

　　허공이 도려지면
　　장미, 천공

　　장미는 어떻게 그리 많은 이야기가 되어 아무 말 없는 말이 되는가

'너'에게 하려고 했던 이야기는 '너'에게 다가가기 위한 애타는 여정이다. 그것이 그냥 의미 없는 것일 수는 없다. 사람은 그렇게 살지 않는다. 그 과정은 어떻게든 남아, 다른 사람들에게 의미의 단서가 된다. 그때 '나'가 탈출했다면, 그건 고스란히 의무를 방기한 표지로서 남을 것이다. 장미는 "푸른 천공"일 수는 없는 것이다. 천공(天空)은 천공(穿孔)이다. '천공'은 해방의 막연함을 가리킨다. 그것은 탈출이 아니라 포기가 될 수도 있다. 때문에 화자는 미래로 튀어나가는 동작을 거두어 현실의 경계 언저리에 머물게 한다. 그리고 튀어나가려는 자세 자체를 현실을 꿰뚫는 운동으로 전환시킨다. 마지막 행들은 그 복잡한 전진-역진의 과정을 형상화하고 있다.

　　해야 할 말보다 언제나 한 발 뒤에 서 있다, 혀

경계선 바깥에서
장미는 어떻게 그리 많은 죽음을,
불꽃으로 솟아나게 하는가

여기에 와서 무한히 그러나 막연히 열린 하늘("천공")은 '위 천공'이 되었다가 다시 '벽 천공'의 운동으로 변신한다.

바로 이 자리가 개인의 체험이 보편적 윤리로 화하는 지점이다. 나의 해방은 나-너의 변화로 나아가지 않는 한, 가짜 해방이 된다. 이별의 원인이 무엇이든, 나의 행동은 모든 주체에게 작용할 수밖에 없고, 그래야만 한다.

4. 근접미래로서의 사랑

그리고…… 우리는 여기에서 흥미로운 시제를 접한다. 이수진 시의 시제는 근접미래라는 것. 그것은 현재와 단절된 미래가 아니라 현재의 문제들을 원료로 포함하고, 그것들을 불태움으로써 미래를 조성하는 동사이다. "더 이상 향기가 되지 못하는 꿈을/줍고 다시 주워 그 미소 아래 일일이 널어주는 소국"(「바닥에 걸린 액자」)의 동작이다.

따라서 근접미래로서의 시제는 행동 자체만을 드러내는 게 아니라, 정념과 의지와 예감을 행동 속에 싣는다. 다음 시구처럼.

고양이 털 사이 무언가 반짝 어리었는데 별이 울었다

나는 창이 흘리는 눈물이 아무렴 별이 훔치는 울음이지 싶었다(「그 여름을 훔치다」)

이별의 정한은 만남을 예측하는 떨림으로 결정적으로 바뀐다. 똑같은 마음의 요동이지만, 절망으로 가라앉은 처음의 파동은, 삶이라는 과정의 복기를 거쳐,

아침과 정오 그리고 저녁이라는
하루를 가진 사람이 되어

달빛의 젖은 발 씻어주고 싶(「수성못 달빛」)

어 애닳는 마음의 진동으로 변화한다. 이 긴 과정에서 느낌의 포인트는 변신의 결과가 아니라, 거기에 다다르기까지의 긴 과정의 굴곡이다. 그 굴곡을 필자는 이 글 안에 최대한 압축적으로 담으려 했으나, 실로 작품의 넝쿨은 그보다 훨씬 얼키설키 옥실거리고 그 움직임은 구렁이의 몸통처럼 꿈틀거린다. 독자는 시편들을 하나하나 음미하면서 그 힘줄을 느낄 수 있을 것이다.

시인수첩 시인선 061
우리가 사과처럼 웃을 때

ⓒ 이수진, 2022

초판 1쇄 인쇄 2022년 7월 27일
초판 1쇄 발행 2022년 8월 4일

지은이 | 이수진
발행인 | 이인철

펴낸곳 | (주)여우난골
주 소 | 서울특별시 강남구 언주로30길 27. 606호 (도곡동 우성리빙텔)
전 화 | 02-572-9898
팩 스 | 0504-981-9898
등 록 | 2020년 11월 19일 제2020-000328호

블로그 | blog.naver.com/seenote
이메일 | seenote@naver.com

ISBN 979-11-976430-9-5 03810

* 파본은 구매처에서 바꾸어 드립니다.